MATRICEA BCG DE CREȘTERE-PARTICIPARE

Cheia managementului de portofoliu

MATRICEA BCG DE CREŞTERE-PARTICIPARE

Cheia managementului de portofoliu

scris de Thomas del Marmol
tradus de Alina Dobre

MATRICEA BCG DE CREȘTERE-PARTICIPARE: TEORII ȘI APLICAȚII

INFORMAȚII CHEIE

- **Nume:** BCG growth-share matrix, BCG-matrix, matricea portofoliului de produse, matricea Boston, analiza Boston Consulting Group, diagrama portofoliului. Numele său provine de la Boston Consulting Group, o companie internațională de consultanță strategică, care a conceptualizat această matrice.

- **Utilizări:** Este utilizat în primul rând de managerii care doresc să observe importanța relativă a activităților din portofoliul lor. Oferă consiliere pentru portofoliu prin încurajarea investițiilor, menținerii sau eliminării activităților.

- **De ce are succes?** Atunci când este utilizat în condițiile potrivite, le permite managerilor să afle mai multe despre activitățile lor și să ia cele mai bune decizii în ceea ce privește alocarea resurselor și a competențelor.

- **Cuvinte cheie:** SBU, instrument strategic, cotă de piață relativă, rata de creștere a pieței, stele, vaci de muls, semne de întrebare, câini, lider, urmăritor, autofinanțare, economii de scară, ciclul de maturitate a pieței, matrice GE, Ashridge Portfolio Matrix.

INTRODUCERE

În prezent, este larg acceptată necesitatea ca managerii să aibă un portofoliu de activități variate și să fie capabili să gestioneze toate activitățile lor cât mai eficient posibil. Într-adevăr, oricine își ia ochii de la dezvoltarea portofoliului de afaceri, chiar și pentru o clipă, va fi rapid pedepsit pentru neglijența sa. Cu toate acestea, această gestionare a activităților nu este ușoară, iar multe companii care se credeau invincibile s-au prăbușit ca urmare a unei analize proaste a pieței sau a supraestimării puterii lor.

Matricele de gestionare a portofoliului au apărut pentru a-i ajuta pe acești manageri, permițându-le să înțeleagă mai bine impactul diverselor lor SBU-uri (unități strategice de afaceri).

 ## ESTE BINE DE ȘTIUT: SBU

Un SBU este o subdiviziune a unei companii, căreia managerul poate decide să aloce sau să elimine resurse. Divizarea unei companii în SBU-uri răspunde unei nevoi organizaționale și oferă o mai bună imagine de ansamblu a diferitelor departamente din cadrul companiei. Fiecare SBU poate fi condusă în mod autonom și independent, în funcție de deciziile companiei.

Istorie

Boston Consulting Group a fost fondat de Bruce D. Henderson (1915-1992) în 1963 și a devenit rapid una dintre cele mai mari companii de consultanță strategică din lume, cu peste 80 de birouri în aproape 50 de țări diferite. BCG colaborează cu companii dintr-o gamă largă de sectoare, inclusiv energie, sănătate, industria auto și telecomunicații. Una dintre principalele sale inovații este crearea matricei BCG de creștere-participare.

Matricea BCG de creștere a cotei de piață a fost elaborată în anii 1960 și permite utilizatorilor să determine cota de piață relativă a unei activități, precum și să evalueze creșterea pieței legată de aceasta. În termeni concreți, acest lucru înseamnă că matricea permite managerilor să selecteze activitățile generatoare de profit sau cu potențial ridicat, activitățile în declin și activitățile cu un risc ridicat de colaps.

Matricea BCG a apărut într-o perioadă în care înțelegerea mecanismelor pieței era de o importanță majoră. În acel moment, procesul decizional era în centrul multor întrebări din cadrul comunității financiare. Prin urmare, contextul a fost favorabil dezvoltării și utilizării unei matrice care oferea o serie de instrumente pentru a le facilita managerilor luarea deciziilor privind alocarea resurselor. În consecință, a fost foarte bine primită și a fost adoptată rapid de către liderii de afaceri.

Definirea modelului

Matricea BCG de creştere a cotei de piaţă îl instruieşte pe utilizator să împartă diferitele SBU-uri pe baza creşterii anticipate şi a cotei de piaţă relative. Prin urmare, aceasta se bazează pe două axe şi separă SBU-urile în patru categorii: vedete, vaci de bani, semne de întrebare şi câini. Datorită acestui model, managerii pot face cele mai bune alegeri atunci când alocă resurse pentru diferitele SBU-uri. Matricea le permite, de asemenea, să obţină o mai bună imagine de ansamblu a afacerii şi să identifice ce domenii de activităţi strategice trebuie promovate şi care trebuie eliminate.

TEORIE

CONTEXT ŞI CONCEPT

Matricea de creştere BCG este unul dintre cele mai utilizate instrumente de gestionare a portofoliului de către manageri. Ea face parte dintr-o colecţie mai largă de matrici de alocare a resurselor, inclusiv matricele McKinsey şi Ashridge. Scopul principal al acestor modele este de a facilita procesul decizional al managerilor, în special atunci când este vorba de alocarea resurselor limitate (monetare, materiale sau intelectuale) către diferitele SBU-uri. Cu alte cuvinte, acestea urmăresc să stabilească un plan coerent de alocare internă între SBU-uri, pe baza atracţiilor respective (care sunt legate de generarea de profit, de potenţialul de dezvoltare etc.), dar şi de oportunităţile de sinergie între SBU-uri. Toate acestea au două axe: prima este legată de specificităţile pieţei, în timp ce a doua se referă la punctele forte ale întreprinderii.

Matricea de creştere BCG permite reprezentarea diferitelor unităţi de afaceri strategice ale unei companii pe un grafic cu două axe:

- Axa verticală corespunde ratei de creştere a pieţei, ceea ce înseamnă potenţialul de dezvoltare a pieţei în următorii ani. În general, se consideră că o piaţă în creştere înregistrează o creştere de aproximativ 5% a vânzărilor sale în volum.

- Axa orizontală reprezintă cota de piață relativă a SBU-ului. Pentru a calcula cota de piață relativă, se utilizează în general un raport: cota relativă a SBU-ului față de cota de piață a principalului concurent.

    - De exemplu, dacă eu dețin 15% din cota de piață, iar concurentul meu deține 10%, cota mea relativă de piață va fi egală cu 1,5, deoarece $\frac{15\%}{10\%}$ generează acest rezultat.

Cota de piață relativă este considerată a fi puternică atunci când valoarea este mai mare de 1,25.

E BINE DE ȘTIUT: LIDER SAU ADEPT?

Pentru o întreprindere, a fi "lider" înseamnă să dețină o poziție dominantă pentru un produs pe o anumită piață și să fie recunoscută de către colegi ca fiind "top-of-mind" (prima companie care vine în minte) în categoria sa. În schimb, un "urmăritor" deține doar o cotă de piață mică și, prin urmare, este obligat să se alinieze concurenței dacă dorește să supraviețuiască pe piață (Lambin și Moerloose, 2008).

Implicațiile acestui model permit utilizatorilor să înțeleagă diferitele puncte care trebuie luate în considerare înainte de a stabili prioritățile anumitor activități. Într-adevăr, deși diagrama arată clar că o piață în creștere, combinată cu o cotă de piață semnificativă, este extrem de atractivă pentru manageri, nu este întotdeauna ușor de știut cum să se abordeze activitățile care reprezintă o cotă de piață semnificativă pe piețe stagnante sau în scădere. Problema SBU-urilor cu o cotă de piață scăzută pe piețe cu o creștere exponențială ridică, de asemenea, multe întrebări. Datorită informațiilor menționate mai sus, putem separa graficul în patru cadrane pentru a distinge diferitele tipuri de SBU-uri și fluxurile de numerar ale acestora. Fluxul de numerar este calculat folosind bilanțul exercițiului financiar curent (totalul amortizărilor și provizioanelor + profitul net după impozitare și înainte de potențiala redistribuire a profiturilor) și indică autonomia financiară a societății.

- **Stelele** reprezintă domeniile de activitate cu o cotă de piață relativă considerabilă pe o piață în creștere. Putem presupune că activitățile din acest cadran sunt adesea lideri de piață și necesită investiții semnificative și continue pentru a-și susține creșterea, rezistând în același timp la presiunea concurenților. Acestea fiind spuse, rezultatele vor rambursa mai mult decât această investiție, deoarece aceste activități generează profituri semnificative pentru manager.

- **Câinii**, numiți uneori animale de companie, sunt localizați în cadranul inferior drept. Aceștia reprezintă SBU-urile situate pe o piață cu o creștere redusă și o cotă de piață relativă scăzută. Acestea sunt adesea activități în declin care concurează pe piețe dominate de anumiți concurenți (avantaj competitiv). Aceste activități "îmbătrânite" pot necesita investiții majore, doar pentru a produce rezultate slabe sau chiar inexistente în final. Acesta este motivul pentru care, în general, este recomandabil să se

elimine aceste activități: continuarea lor ar putea
dăuna afacerii.

- **Vacile de muls** reprezintă activități cu o cotă de piață
  destul de mare în sectoare în declin. Aceste activități
  au stabilit adesea o poziție dominantă față de concu-
  renții lor pe o piață matură și, prin urmare, necesită
  doar investiții limitate. Într-adevăr, starea pieței nu
  va conduce probabil la apariția de noi concurenți și
  nu va motiva concurenții existenți să îi înlăture pe cei
  deja existenți. Efectul de experiență, în special dato-
  rită resurselor, competențelor-cheie și economiilor
  de scară, permite întreprinderii să obțină profituri
  mai mari decât concurenții săi. Scopul acestor activi-
  tăți nu mai este de a evolua, ci de a "mulge" profitul
  produs. Prin urmare, acestea sunt adesea responsa-
  bile de intrări financiare importante și permit inves-
  tiții, în special în stele și semne de întrebare.

 **BINE DE ȘTIUT: EFECTUL DE EXPERIENȚĂ**

Efectul de experiență se observă atunci când se pro-
duce mai mult (economii de scară), când procesul
devine mai sistematizat (standardizare) sau când
expertiza devine din ce în ce mai puternică (efect de
învățare). În consecință, costul unitar de producție
scade (Lendrevie și Lévy, 2013).

- **Semnele de întrebare**, cunoscute și sub numele de
  copii problemă, includ activități care au o cotă de
  piață relativ scăzută pe piețele în creștere. După cum
  sugerează și numele lor, aceste activități reprezintă o

problemă reală pentru manageri. Cu toate acestea, aceste SBU-uri reprezintă, de asemenea, o oportunitate excelentă pentru câștiguri viitoare, cu condiția ca sume mari să fie investite din timp. Atunci când activitatea se desfășoară pe o piață cu o creștere puternică, este încă posibil să se ajungă din urmă liderul prin preluarea treptată a cotelor de piață datorită investițiilor. Complexitatea sarcinii constă în alegerea SBU-ului care are un potențial suficient pentru a revendica o poziție de lider pe piață și a deveni o stea în viitor. În cazul în care investițiile preconizate nu sunt primite sau sunt prea mici, activitatea s-ar putea transforma într-un câine odată ce piața ajunge la maturitate. Semnele de întrebare ar trebui, prin urmare, să primească o atenție deosebită. Este recomandat să aveți mai multe, deoarece nu toate vor deveni vedete, dar acestea trebuie alese cu grijă.

AVANTAJELE UTILIZĂRII MATRICEI BCG A COTEI DE CREȘTERE BCG

Matricea BCG a cotei de creștere le permite managerilor să aibă o viziune clară pe termen lung asupra diferitelor SBU-uri. Aceasta face posibilă poziționarea domeniilor de activitate, observarea locului lor în cadrul matricei și o mai bună gestionare a alocării resurselor. Utilizând-o, managerii pot decide viitorul SBU-urilor în cele mai bune condiții: vor afla care dintre ele trebuie să le elimine și în care ar trebui să investească.

Matricea permite, de asemenea, utilizatorilor să înțeleagă diferitele nevoi pentru dezvoltarea anumitor activități. Aceasta presupune ca managerul să se gândească la piață și să efectueze o analiză internă a SBU-urilor pentru a determina potențialul de creștere al acestora. Prin urmare, conducerea poate face o estimare a investițiilor necesare.

În cele din urmă, matricea BCG a cotei de creștere servește ca un memento că profiturile unor SBU-uri trebuie să fie alocate activităților cu un potențial ridicat de dezvoltare. Astfel, personalul și liderii vor conștientiza importanța de a fi economi, chiar dacă activitatea generează un profit ridicat.

LIMITĂRI ȘI EXTINDERI

IPOTEZE ANTERIOARE

Aplicarea acestui model necesită ca utilizatorii să accepte două ipoteze prealabile:

- **Autofinanțare.** Matricea BCG a cotei de creștere neglijează posibilitatea de finanțare externă a întreprinderii. Aceasta utilizează în principal modelul ciclului de viață al produsului prezentat mai sus pentru a explica necesitatea unor SBU-uri diferite în diferite stadii de maturitate a pieței, pentru a putea finanța activitățile cu cel mai mare potențial. Nu se ia în considerare posibilitatea de finanțare externă prin intermediul datoriilor sau al acționarilor.

- **Efectul de experiență.** Această matrice este cu adevărat relevantă numai dacă există un efect de experiență care favorizează liderul de piață. În cazul în care efectul de experiență este limitat, întreprinderea lider pe o piață nu va fi neapărat mai profitabilă decât cele care o urmează, ceea ce pune sub semnul întrebării validitatea modelului.

Este important să se ia întotdeauna în considerare aceste ipoteze prin observarea pieței înainte de a aplica matricea BCG de creștere a cotei de piață. Într-adevăr, o analiză deficitară a pieței ar putea submina eficacitatea modelului și ar putea determina managerul să ia decizii greșite.

LIMITĂRI ȘI CRITICI

Cu toate că matricea BCG de creștere economică este considerată un instrument util care oferă un ajutor valoros managerilor care doresc să își monitorizeze diversele activități, aceasta are totuși o serie de limitări pe care este important să le cunoaștem. Ipotezele de mai sus sunt restrictive, dar pot fi ușor de verificat în practică. În plus, trebuie clarificate o serie de aspecte.

Terminologie imprecisă

Unii dintre termenii utilizați nu sunt ușor de definit sau de cuantificat. Într-adevăr, în funcție de caracteristicile pieței, aceeași cotă de piață relativă poate părea mare sau mică. În plus, aceeași piață poate fi definită diferit de diferiți manageri, ceea ce complică calculele. Prin urmare, rezultatele pot fi diferite în funcție de modul în care este definită piața.

De exemplu, dacă o companie vinde stilouri, ar trebui să considere că vânzătorii de creioane și vânzătorii de programe de procesare a textului sunt concurenți?

Managerul va avea adesea tendința de a alege soluția care îi convine cel mai bine, cu riscul de a se alege cu o vacă de muls sau cu un câine. Prin urmare, răspunsul obținut prin intermediul pieței acțiunilor de creștere se bazează, de obicei, pe criterii subiective specifice managerilor, ceea ce i-a determinat pe criticii matricei să susțină că soluția este îngreunată de influența utilizatorului său.

În plus, separarea dintre cadrane poate varia în funcție de materialul de referință consultat. Linia dintre un semn de întrebare și un câine poate părea neclară uneori.

Simplificarea excesivă a unei lumi complexe

Deși este adevărat că acest model oferă o idee generală bună despre poziționarea fiecărui SBU, nu putem fi siguri că, odată clasificate, toate activitățile vor urma automat calea descrisă mai sus. Nu toți câinii sunt condamnați să aibă sfârșitul tragic descris mai sus, la fel cum nici vacile de casă nu reprezintă întotdeauna surse constante de venituri. De fapt, un câine poate avea succes dacă este pusă în aplicare o strategie de diferențiere în raport cu liderul și poate obține un profit pe o anumită perioadă. De asemenea, managerul unei vaci de muls poate găsi demoralizant faptul că toate profiturile sale sunt mereu realocate către o activitate obscură și necunoscută. În acest caz, comportamentul angajaților nu este luat în considerare și poate duce la erori în evoluția prevăzută de matricea BCG de creștere-participare. În cele din urmă, unele sinergii pot conduce managerul să realizeze că o activitate situată în cadranul câinelui trebuie menținută deoarece contribuie la alte activități.

Acționarea în urma rezultatului

Prin urmare, este clar că concluzia la care s-a ajuns prin intermediul matricei BCG de creștere a cotei de piață ar trebui considerată mai degrabă ca un ghid pentru direcția de urmat decât o recomandare clară și precisă. Nu se recomandă ca toate politicile să se bazeze exclusiv pe rezultatele unei matrice de creștere aplicată în grabă. Deoarece lumea economică este complexă, predicțiile matricei se dovedesc adesea a fi doar parțial exacte. Prin urmare, rezultatele unei matrice de creștere BCG trebuie analizate și aplicate cu precauție pentru a evita erorile de judecată care ar putea duce la prăbușirea unei SBU. De exemplu, o SBU din categoria "câini" nu trebuie neapărat eliminată în favoarea altor unități mai profitabile, deoarece aceasta poate beneficia deja de alte SBU-uri prin faptul că le oferă competențele de care au nevoie pentru a se dezvolta așa cum se dorește.

MODELE ȘI EXTENSII CONEXE

Există o serie de matrici complementare la modelul de creștere-participare, printre care:

- Matricea GE a McKinsey

- matricea portofoliului Ashridge.

Prin utilizarea acestor noi matrici, managerul poate lua în considerare anumiți factori legați de atractivitatea pieței, care sunt neglijați de matricea de creștere a cotei de piață. Acest lucru îi permite, la rândul său, să construiască cel mai bun portofoliu de afaceri posibil.

Matricea GE a McKinsey

Această matrice a fost elaborată de McKinsey & Company, specializată în consultanță strategică. Firma, care a fost fondată în 1920 de Oscar James McKinsey (1889-1937), își propune să consilieze și să ajute întreprinderile să prospere într-un mediu economic turbulent. Cu birouri în întreaga lume, McKinsey & Company are o reputație solidă, bazată pe valori puternice în jurul consultanței strategice.

Matricea dezvoltată în anii '70 face legătura între atractivitatea pieței (factorii cheie ai mediului) și avantajele competitive ale SBU (capacitatea competitivă a SBU pe piață).

Factorii luați în considerare aici sunt, prin urmare, ușor diferiți, deoarece se concentrează mai mult pe avantajul competitiv al SBU decât pe cota sa de piață. Acest lucru face posibilă luarea în considerare a avantajelor care pot duce la o bună imagine de marcă, resurse tehnologice avansate etc. În plus, utilizarea atracțiilor pieței mai degrabă decât a ratei de creștere a acesteia permite luarea în considerare a unor factori precum existența unei legislații favorabile. Prin urmare, este clar că matricea GE este un instrument de diagnosticare mult mai sofisticat decât matricea BCG de creștere a cotei de piață, deoarece ia în considerare o serie de factori care erau neglijați anterior.

În cele din urmă, este de remarcat faptul că această matrice oferă situații neutre, permițând managerului să aleagă în funcție de preferințele sale sau de circumstanțele pe care le consideră favorabile sau nefavorabile investițiilor.

Matricea portofoliului Ashridge

Dezvoltată de Michael Goold și Andrew Campbell, Matricea de Portofoliu Ashridge oferă o nouă viziune asupra managementului de portofoliu, deoarece pune accentul pe capacitatea managementului de a înțelege SBU și de a acționa în consecință. Într-adevăr, dacă managementul nu este capabil să înțeleagă nevoile de dezvoltare ale SBU-ului, investiția lor poate fi alocată în mod necorespunzător. În mod similar, dacă managementul nu are abilitățile necesare pentru a îmbunătăți performanța SBU, orice investiție va fi inutilă. Din această observație rezultă patru tipuri de activități:

- activitățile Heartland, pe care managerul le înțelege și pe care este capabil să acționeze în consecință;

- Activități de balast, pe care managerul le înțelege, dar nu are abilitățile necesare pentru a le îmbunătăți;

- Activități de captare a valorii, în care conducerea generală poate îmbunătăți performanța, dar nu înțelege neapărat raționamentul;

- Activități extraterestre, care sunt în mod clar nepotrivite, deoarece managerii nu înțeleg raționamentul din spatele lor și nu au competențele necesare pentru a le dezvolta.

Această abordare le permite utilizatorilor să se concentreze atât asupra conducerii, cât și asupra SBU-ului a cărui performanță trebuie îmbunătățită. Această relație a fost trecută cu vederea anterior de teoreticieni, care se concentrau în principal pe piață și pe activitate.

În concluzie, reunirea acestor abordări diferite nu poate fi decât un lucru bun pentru manager. Includerea avantajelor competitive, a atracțiilor pieței și a interacțiunii dintre SBU și conducere va îmbunătăți capacitatea managerului de a analiza alocarea resurselor între diferitele SBU-uri.

APLICAȚIE PRACTICĂ

SFATURI ȘI SFATURI DE TOP

Importanța definirii pieței

După cum am văzut, definirea unei piețe nu este întotdeauna ușoară și poate ridica multe probleme pentru manager. Managerul trebuie să evite:

- concentrarea pe o piață prea restrânsă, cu riscul de a neglija un număr mare de concurenți potențiali;

- să vizeze o piață prea mare, deoarece acest lucru poate duce la studii lungi și anevoioase, care sunt costisitoare în timp și bani.

Este esențial să se definească piața corectă, deoarece analiza generală a matricei BCG de creștere și de repartiție depinde de acest lucru. Prin urmare, se recomandă ca utilizatorii să își ia timp pentru a analiza piața înainte de a aplica modelul. Aceștia nu ar trebui să ezite să ceară ajutorul specialiștilor de piață, care vor putea să le ofere sfaturi cu privire la cea mai bună schiță posibilă, ținând cont de resursele și timpul de care dispune managerul.

Împărțirea SBU-urilor în matricea BCG a cotei de creștere

Este esențial pentru un manager să aibă SBU-uri în toate cadranele matricei BCG de creștere a cotei de piață. Aceștia trebuie să aibă grijă să evite să aibă activități într-un singur cadran. De exemplu, deși a avea doar vaci de numerar va fi profitabil pe termen scurt, în acest caz viitorul va fi incert. În plus, compania riscă să pară veche sau depășită în fața consumatorilor. În mod similar, un manager care posedă doar semne de întrebare riscă să se confrunte rapid cu probleme financiare și va fi nevoit în curând să oprească toate activitățile. Se recomandă repartizarea SBU-urilor pe toate cadranele modelului de creștere-participare pentru a obține un echilibru între activitățile îmbătrânite, dar profitabile, și activitățile tinere, cu potențial ridicat, care necesită investiții continue și substanțiale.

Anticiparea evoluției SBU

În acest moment, cititorul poate vedea că poziționarea activităților strategice pe matricea BCG de creștere a cotei de piață nu este ușoară. Multe dificultăți pot perturba poziționarea aleasă și pot determina declinul rapid al unui SBU. Mai mult, un manager avizat care a luat în considerare toate elementele și caracteristicile variate ale pieței nu-și poate permite un moment de odihnă atunci când a identificat și plasat corect o SBU pe model. Într-adevăr, poziția fiecărei activități în matricea BCG de creștere-participare nu este fixată permanent. Mai multe scenarii de dezvoltare sunt posibile pentru fiecare activitate reprezentată. Prin urmare, fiecare activitate trebuie studiată în detaliu pentru a oferi companiei cele mai bune șanse de succes. Prin urmare, este important să se completeze o matrice de creștere BCG care să evidențieze diferitele scenarii posibile pentru fiecare SBU. Pentru a face acest lucru, există diferite opțiuni posibile, așa cum se arată în diagrama de mai jos.

- **Calea inovării.** Aceasta corespunde sosirii directe a unui SBU în cadranul de stele din stânga sus. Întreprinderea care reinvestește profiturile pe care le-a generat (în special de la vacile de casă) în cercetare și dezvoltare (cercetare și dezvoltare) se poate aștepta să urmeze calea inovării. Acești bani reinvestiți permit apariția de noi competențe și resurse care vor duce la crearea unei noi SBU cu avantaj competitiv față de rivalii săi. Ulterior, odată ce piața ajunge la maturitate, se așteaptă ca aceste activități să devină vaci de casă, care la rândul lor vor investi în cercetare și dezvoltare.

- **Calea urmăritorului. În** mod similar, profiturile generate de vacile de casă pot fi, de asemenea, investite în semnele de întrebare care au un puternic potențial de creștere. Cu această investiție, acestea se pot dezvolta și, în cele din urmă, pot ocupa o poziție de lider pe piață.

- **Calea dezastrului.** Nu toate scenariile sunt la fel de optimiste ca cele văzute anterior. De fapt, dacă o activitate din cadranul stelelor nu primește investițiile așteptate, aceasta s-ar putea regăsi rapid în cadranul câinilor. Acest lucru se poate întâmpla, de asemenea, dacă întreprinderea nu reușește să analizeze în mod corespunzător așteptările consumatorilor și factorii-cheie de succes.

- **Calea mediocrității.** Această cale include activitățile care se încadrează în cadranul semnelor de întrebare și care nu reușesc să evolueze în stele. Aceste activități sfârșesc prin a stagna între categoria câinilor și cea a semnelor de întrebare, ceea ce duce la o scurgere semnificativă de bani pentru rezultate nesatisfăcătoare.

Managerul care dorește să aplice matricea de creștere BCG trebuie să țină cont de diferitele scenarii posibile și să evite astfel să se concentreze doar pe căile pozitive pe care le-ar putea urma SBU-urile. Succesul necesită dezvoltarea de răspunsuri la scenariile nedorite cu care se poate confrunta orice companie.

Utilizarea complementară a matricelor de gestionare a portofoliului

În timp ce avantajele matricei BCG de creștere a cotei de piață sunt evidente, aceasta are și unele limitări. Una dintre acestea este faptul că modelul se bazează pe o simplificare excesivă și nu ia în considerare toate caracteristicile pieței.

De la apariția matricei de creștere BCG, și alte modele au avut succes la manageri în ceea ce privește gestionarea portofoliului. Printre acestea se numără matricea GE a McKinsey și matricea de portofoliu Ashridge, care ajută managerul să își aprofundeze cunoștințele despre piață și activitatea acesteia și să obțină o viziune complementară asupra celor mai bune alegeri de alocare care trebuie făcute.

STUDIU DE CAZ

Să luăm exemplul unei companii de renume mondial înființate în anii 1970. Aceasta reunește un număr mare de sfere de activitate din diverse sectoare. Printre acestea se numără, printre altele, companii aeriene, o companie feroviară, o editură și chiar o companie de turism spațial. Compania este un conglomerat, ceea ce înseamnă că reunește un număr mare de activități care nu au sinergii foarte clare între ele. Obiectivul fondatorului companiei a fost acela de a permite creșterea companiilor prin investiții de fonduri și competențe. În 2012, grupul a înregistrat o cifră de afaceri de aproximativ 13 miliarde de lire sterline și are aproximativ 50 000 de angajați la nivel mondial.

Acest caz este extrem de interesant atunci când este analizat în contextul matricei de creștere BCG, deoarece ne ajută să înțelegem cum unele SBU-uri reușesc să le sprijine pe altele, deși nu există similitudini între ele. Strategia lui Richard Branson este de a ajuta multe companii să prospere prin achiziții și transferuri de competențe. Prin urmare, sunt necesare fonduri substanțiale pentru ca această strategie să aibă succes. În acest scop, unele domenii de activitate existente ar trebui să contribuie la finanțarea unor noi activități considerate a avea un anumit potențial exploatabil.

În acest moment, este necesar să se clarifice anumite aspecte înainte de a explica modelul, astfel încât acesta să fie pe deplin înțeles.

- În primul rând, nu toate activitățile societății sunt reprezentate în model pentru a fi mai clare pentru cititor. Sunt reprezentate doar unele dintre ele.

- În continuare, numărul scăzut de activități din cadranul câinelui se explică prin faptul că grupul dorește să evite păstrarea activităților în această zonă. În plus, în ceea ce privește activitățile actuale, este dificil de știut care SBU-uri vor sfârși prin a se îndrepta spre acest cadran.

- În cele din urmă, după cum s-a menționat mai sus, matricea BCG de creștere a acțiunilor este un instrument care trebuie actualizat în mod regulat, ceea ce înseamnă că rezultatele dintr-o zi se pot schimba în ziua următoare. Prin urmare, acest model ar putea evolua rapid în anii următori.

După ce am clarificat aceste puncte, putem trece la aplicarea matricei BCG de creștere a companiei:

- Printre SBU-urile care și-au dovedit deja eficiența se numără companiile aeriene. Prima companie aeriană a fost înființată în anii 1980. De atunci, aceasta a înflorit și a reușit să se extindă: astăzi a ajuns la o anumită maturitate. Vârf de lance al brandului companiei, este în principal prin aceasta că societatea și-a câștigat o reputație de siguranță și fiabilitate, atât în domeniul aviației, cât și în restul produselor sale. Acest tip de activitate, un exemplu excelent al conceptului de "cash cow", permite companiei să strângă o sumă considerabilă de fonduri care sunt utilizate pentru dezvoltarea sa, dar și pentru dezvoltarea de noi SBU-uri cu potențial ridicat. Acestea fiind spuse, vacile de muls nu durează la nesfârșit, deoarece, deși compania s-a descurcat bine cu compania aeriană, nu același lucru se poate spune despre compania feroviară. În urma privatizării rețelei feroviare din Marea Britanie în anii '90, compania a decis să profite de buna reputație pe care o avea în domeniul transportului aerian și să investească masiv în această nouă piață. Concurența puternică necesită investiții continue și nu permite realocarea unui profit mare pe noi piețe, ceea ce explică de ce compania feroviară a trecut în cadranul câinilor.

- Domeniile de divertisment și media sunt două tipuri de activități ale companiei care se află în cadranul stelelor din matricea BCG de creștere a cotei de piață:

  - Deoarece lumea telecomunicațiilor și a internetului este în continuă evoluție, menținerea unui loc în rândul elitei este extrem de profitabilă, dar acest lucru necesilă investiții considerabile. Compania media s-a confruntat cu multe dificultăți financiare în acest domeniu pentru a-și menține poziția în diverse țări din lume. În Franța, una dintre companiile grupului a fost împinsă la faliment în 2013 ca urmare a descărcării (legale, dar mai ales ilegale) de muzică de pe internet.

  - În ceea ce privește divertismentul, grupul este foarte activ în acest sector. Diferitele surse de venit, inclusiv cele generate de muzică, asigură o plasă de siguranță financiară confortabilă. Cu toate acestea, problemele din domeniul media se aplică şi în lumea divertismentului.

- În plus, o companie ca aceasta, bazată pe achiziţia şi dezvoltarea de noi SBU-uri cu un potenţial de creştere ridicat, trebuie să aibă în portofoliu o serie de activităţi cu semne de întrebare. Interesul relativ recent al companiei în domeniul financiar sugerează în prezent perspective viitoare incerte, ceea ce este valabil mai ales în vremuri de criză globală. În plus, companii precum întreprinderea de turism spaţial nu sunt foarte în ton cu realităţile actuale, şi anume cu scăderea puterii de cumpărare. Prin urmare, acest tip de activitate ar putea fi printre primele care se vor confrunta cu consecinţele crizei actuale.

- În cele din urmă, chiar dacă nicio activitate nu este prezentă în cadranul câinelui, compania a scăpat de unele activităţi care s-ar fi încadrat în această categorie. O companie care se concentrează pe potenţialul unor noi activităţi trebuie să ia întotdeauna în considerare riscurile inerente oricărei investiţii.

În concluzie, trebuie să subliniem faptul că acest grup a reuşit să găsească un bun echilibru între domeniile sale de activitate. Activităţile care şi-au dovedit eficienţa sunt destinate să finanţeze dezvoltarea de noi activităţi care, la rândul lor, dacă previziunile sunt corecte, vor produce apoi fonduri pentru a lansa noi proiecte. Cu toate acestea, nu este uşor de determinat cu certitudine calea pe care o vor urma domeniile de activitate cu un potenţial puternic, deoarece există întotdeauna un mare element de risc în injectarea de fonduri în aceste activități. Folosirea matricei BCG de creștere a ponderii de creștere permite managerilor să obțină claritate în ceea ce privește alegerile legate de achiziții, precum și în ceea ce privește investițiile și dezvoltarea SBU-urilor.

REZUMAT

- Matricea de creștere BCG este un instrument de analiză a portofoliului de afaceri al unei companii. Acesta a fost dezvoltat de Boston Consulting Group în anii 1960 și este încă foarte popular printre manageri și în prezent.

- Această matrice permite managerilor să înțeleagă și să observe importanța relativă a activităților din portofoliul lor.

- Acesta reunește cotele de piață relative ale companiei pe axa x și rata de creștere a pieței pe axa verticală.

- În funcție de situația din cadranul stelelor, al vacilor de bani, al semnelor de întrebare și al câinilor, este recomandabil să se investească, să se mențină sau să se renunțe la activități.

- O serie de ipoteze, cum ar fi autofinanțarea și efectul de experiență, ar trebui să fie confirmate pentru a se asigura că matricea funcționează corect.

- Unele neclarități, simplificarea termenilor și subiectivitatea managerilor fac ca matricea să fie uneori imprecisă și să aibă anumite limitări.

- Este un instrument complementar matricei GE a McKinsey și matricei de portofoliu Ashridge. Folosirea sa singură, deși este interesantă, nu este neapărat suficientă.

- Matricea trebuie să fie actualizată continuu în timp, în special pe piețele cu creștere rapidă.

- Dezvoltarea SBU-urilor în timp poate face ca acestea să urmeze căi diferite pe parcursul ciclului lor de viață.

- Exemplul unui conglomerat oferă o bună reprezentare a funcționării matricei BCG de creștere și ne ajută să înțelegem principiul care stă la baza finanțării de noi SBU-uri.

LECTURI SUPLIMENTARE

BIBLIOGRAFIE

site-ul *beCompta*: http://www.becompta.be

Site-ul web al *Boston Consulting Group*: http://www.bcg.com/

Deppe, A. (fără dată) Séquence 4 : La démarche stratégique à l'international. *Marketing internaţional.* [Online]. [Accesat la 6 mai 2014]. Disponibil la: <http://foad.refer.org/IMG/pdf/Sequence_4-2.pdf>

Giboin, B. (2012) *La boîte à outils de la stratégie.* Paris: Dunod.

Johnson, G., Scholes, K., Whittington, R. şi Fréry, F. (2008) *Stratégique.* [ediţia a 8-a]. Paris: Pearson Education.

Lambin, J.-J. şi de Moerloose, C. (2008) *Marketing strategic şi operaţional. Du marketing à l'orientation de marché.* [ediţia a 7-a]. Paris: Dunod.

Lendrevie, J. şi Lévy, J. (2013) Mercator 2013. *Théorie et nouvelles pratiques du marketing.* [ediţia a 10-a]. Paris: Dunod.

Marchesnay, M. (1993) *Management strategic.* Paris: Eyrolles. pp. 5-6.

Site-ul *McKinsey*: http://www.mckinsey.com/

Saïas, M. şi Métais, E. (2001) *Stratégie d'entreprise: évolution de la pensée. Finance. Contrôle. Stratégie.* 4(1), pp. 183-213. Site de *marketing strategic*: http://www.marketing-strategique.com/

Site-ul *Virgin*: http://www.virgin.com/

SURSE SUPLIMENTARE

Armstrong, J. S. şi Brodie, R.J. (1994) Effects of Portfolio Planning Methods on Decision Making: Rezultate experimentale. *Jurnalul internaţional de cercetare în marketing.* 11(1), pp. 73-84.

Fleisher, C. S. şi Bensoussan, B. E. (2003) *Strategic and Competitive Analysis: Metode şi tehnici de analiză a concurenţei în afaceri.* Upper Saddle River: Prentice Hall.

Hambrick, D. C., MacMillan, I. C. şi Day, D. L. (1982) Strategic Attributes and Performance in the BCG Matrix. A PIMS-Based Analysis of Industrial Product Businesses. *Academy of Management Journal.* 25(3).

Vrem să auzim de la tine!
Lasă un comentariu despre biblioteca ta online
şi împărtăşeşte cărţile tale preferate pe reţelele de socializare!

MASLOW'S HIERARCHY OF NEEDS
Gain vital insights into how to motivate people
Personal accomplishment
Esteem
Belonging
Security
Physiologic
THE SWOT ANALYSIS
Internal factors
Strengths
Weaknesses
SWOT
Opportunities
Threats
External factors

Editorul asigură fiabilitatea informațiilor publicate,
care nu ar putea însă angaja răspunderea sa.

Master ISBN: 9782808600934
Hârtie ISBN: 9782808602389
Depozit legal: D/2022/12603/239

Design digital: Primento,
partenerul digital al editurilor.